密雲縣

儒學在舊城鼓樓東，唐貞觀十一年創建。元至元間重修。明洪武十一年重修。歷至國朝，順治九年重修，規制整備，迄今一一堅固。

武學在文學西，原係旗纛廟。明洪武五年改建。歷至順治二年，裁并文學。

文昌藝苑在新城東門外北。明萬曆六年，知縣張世則建。

後衛學在古北口東門外，成化二十二年創建。歷至順治十年，裁并縣學。

懷柔縣

儒學在縣治西，文廟在學西。明成化庚寅重修。修撰王華撰記。萬曆二十二年，知縣蔣守浩創鑿泮池。歷今國朝，規模猶整。

霸州

儒學在州治東，元初建。明洪武庚戌，知州馬從隆撤而大之。歷正統、成化、以至萬曆，節次修葺。順治庚寅、壬辰，康熙丙午、乙酉，又相繼重修，規模宏麗。今二十三年，又檢修之。宏麗一新。

社學四處，一在城隍廟東，一在東嶽廟前，一在州治前，一在儒學東。今俱廢。

文安縣

儒學在縣治西，宋大觀八年創建。金毀。元皇慶元年重建。明景泰二年、嘉靖十三年，相繼重修。國朝康熙九年，知縣李芳華勸修復整。今二十三年，周悉全修，規模益整。

社學在縣前，明崇禎元年，知縣唐紹堯重修。

大城縣

儒學在縣治西，金天會十二年建。元至正二十三年重建。元末兵毀。明洪武間、成化二十年、弘治三年、正德十年，節次重修。歷漸傾圮。今康熙二十三年，詳檢而葺，廟復翼翼云。

社學舊在學西。今廢。

保定縣

儒學在察院東，明洪武十四年創建。景泰三年、弘治十二年、嘉靖十四年，相繼修葺。萬曆十年，知縣孔承偶重修之，規模大概，聊且而已。今康熙二十三年，勉勸捐輸，略葺其要，較舊貌多可觀矣。

壇壝

順天府大興、宛平二縣附。

郡厲壇在通州北關外。　里社、鄉厲二壇州、縣、鄉、保俱有。

良鄉縣

社稷壇在縣西北一里。　風雲雷雨山川壇在縣南關。

邑厲壇在縣北一里。

固安縣

社稷壇在縣西北一里。　風雲雷雨山川壇在縣城南一里。

邑厲壇在城北一里。　義冢一在北門外一里，一在南門外一里，一在西門外西南隅，各有石碑記。

永清縣

社稷壇在西門外。　風雲雷雨山川壇在南門外。

鄉厲壇在北堤外，即漏澤園。

東安縣

社稷壇在西門外。　風雲雷雨山川壇在南門外。

邑厲壇正北門外東北。　漏澤壇厲壇東

香河縣

社稷壇縣西門外。　風雲雷雨山川壇縣南門外。

邑厲壇縣北門外。

通州

社稷壇南壇在南門外，西壇在西門外。　風雲雷雨山川壇在州城南。

郡厲壇在州城北。

三河縣

社稷壇在縣北門外。　風雲雷雨山川壇在縣南門外。

邑厲壇在縣北門外。

武清縣

社稷壇　風雲雷雨山川壇

邑厲壇

寶坻縣

社稷壇在縣西北一里。　風雲雷雨山川壇在縣南門外。

邑厲壇在縣北門外半里。　鄉厲壇每里一所。

涿州

社稷壇州北郭外。　風雲雷雨山川壇在南郭外。

郡厲壇北郭外

房山縣

社稷壇在縣西郭迤北。　風雲雷雨山川壇在南郭外東側。

邑厲壇在北郭迤西。

薊州

社稷壇在西北三里。　風雲雷雨山川壇在城東南三里。

郡厲壇在城北三里。　醫巫閭山碑亭在平津門外。

玉田縣

社稷壇在城西北三里。　風雲雷雨山川壇在城東南三里。
邑厲壇在城北三里。
平谷縣
社稷壇在城外西北。　風雲雷雨山川壇在城外東南。
邑厲壇在城外西北。
遵化縣
社稷壇在州西北二里。　風雲雷雨山川壇在州南二里。
郡厲壇在州北一里。
豐潤縣
社稷壇在北門外西。　風雲雷雨山川壇在南門外。

邑厲壇在北門外。
昌平縣
社稷壇在西門外。　風雲雷雨山川壇在南門外。
郡厲壇在東門外。
順義縣
社稷壇在西門外。　風雲雷雨山川壇在東門外。
邑厲壇在北門外。
密雲縣
社稷壇縣西　風雲雷雨山川壇縣南
邑厲壇西門外

懷柔縣

社稷壇在城外西南隅。　風雲雷雨山川壇在南門外。

邑厲壇在城外西北。

霸州

社稷壇在柳行街西。　風雲雷雨山川壇在州東門外。

郡厲壇在柳行街東。

文安縣

社稷壇在城西　風雲雷雨山川壇在城南

邑厲壇在城北

大城縣

社稷壇在安阜門外西北一里。　風雲雷雨山川壇在明遠門外東南一里。

保定縣

社稷壇在城西北。　風雲雷雨山川壇在城東南。

邑厲壇在城東

廟寺

順天府

文廟　名宦祠

鄉賢祠　都城隍廟在府治西南。

先農廟在山川壇内。　旗纛廟在山川壇内。

八蜡廟在府治東南。　三官廟在府治西北。

三皇廟在府治南。　東嶽廟在朝陽門外二里。
真武廟在府西海子東。　漢壽亭侯廟在正陽門月城内。
元世祖廟在府治西。　歷代帝王廟在府治西。
都土地廟在府治西北。　藥王廟天壇之北。
文丞相祠在順天府學内。　火神廟在北城日中坊。
馬神廟在府治西北。　玉皇廟在發祥坊。
梓潼帝君廟在靖恭坊，有敕建碑。　五顯禪林廟
張老相公廟俱在大時雍坊。　三清廟
天仙廟　延福廟俱日中坊。
成壽寺澄清坊，有敕建碑。　境靈寺

隆福寺有敕建碑。　仰山寺俱仁壽坊。
法華寺有敕建碑。　延禧寺有敕建碑，俱明照坊。
觀音寺有敕建碑。　報恩寺有敕建碑。
千佛寺　萬善寺俱北居賢坊。
慧照寺有敕建碑。　福安寺有敕建碑。
正覺寺有敕建碑。　承恩寺有敕建碑。
觀音寺俱南居賢坊。　通法寺有敕建碑。
觀音閣　常慶寺有敕建碑。
靈惠寺有敕建碑。　隆壽寺有敕建碑。
海惠寺有敕建碑，俱朝陽門外。　清恭寺有敕建碑。

三皇廟在府治南。

東嶽廟在朝陽門外二里。

真武廟在府西海子東。

漢壽亭侯廟在正陽門月城內。

元世祖廟在府治西。

歷代帝王廟在府治西。

都土地廟在府治西北。

藥王廟天壇之北。

文丞相祠在順天府學內。

火神廟在北城日中坊。

馬神廟在府治西北。

玉皇廟在發祥坊。

梓潼帝君廟在靖恭坊。有敕建碑。

五顯禪林廟

張老相公廟俱在大時雍坊。

三清廟

天仙廟

延福廟俱日中坊。

成壽寺澄清坊、有敕建碑。

境靈寺

隆福寺有敕建碑。

仰山寺俱仁壽坊。

法華寺有敕建碑。

延禧寺有敕建碑、俱明照坊。

觀音寺有敕建碑。

報恩寺有敕建碑。

千佛寺

萬善寺俱北居賢坊。

慧照寺有敕建碑。

福安寺有敕建碑。

正覺寺有敕建碑。

承恩寺有敕建碑。

觀音寺俱南居賢坊。

通法寺有敕建碑。

觀音閣

常慶寺有敕建碑。

靈惠寺有敕建碑。

隆壽寺有敕建碑。

海惠寺有敕建碑。俱朝陽門外。

清恭寺有敕建碑。

智化寺

維摩庵有敕建碑，俱黄華坊。

般若庵有敕碑，明時坊。

靈應寺有敕建碑。

慈惠寺

最勝寺有敕建碑。

廣濟寺俱鄭村坊。

延壽寺有敕建碑。

萬壽寺俱正西坊。

明教寺有敕建碑。

清化寺有敕建碑。

明目寺

天慶寺有敕建碑，俱正東坊。

崇福寺有敕建碑。

保安寺俱正南坊。

圓通寺

廣慧寺有敕建碑。

永慶寺

增壽寺有敕建碑。

善國寺

大慈仁寺有敕建碑。

昊天寺

長春寺俱宣北坊。

竹林寺

大悲寺有敕建碑。

崇教寺

寶應寺

妙音寺

聖安寺

安化寺有敕建碑，俱崇南坊。

白馬寺有敕建碑。

碧霞元君〔注一〕俱宣南坊。

普陀寺有敕建碑。

隆安寺有敕建碑。

金山寺有敕建碑，俱崇北坊。

圓恩寺照回坊

福祥寺有敕建碑。

慈善寺俱清恭坊。

法通寺

吉祥寺

〔注一〕「君」字下，據前後文體例，當脱一「廟」字。

〔注一〕「土」字，原本脫文，據《五城坊巷胡同集》補。

净土寺〔注一〕俱金臺坊。
極樂寺有敕建碑。
天仙庵俱崇教北坊。
開元寺有敕建碑，崇教南坊。
大隆善寺有敕建碑。
萬善寺
正覺寺有敕建碑。
弘善寺有敕建碑，俱發詳坊。
碧峰寺有敕建碑。
龍華寺有敕建碑。
興德寺有敕建碑。
萬善寺
海藏寺
天壽萬寧寺
慈善寺
廣化寺有敕建碑。
廣濟寺俱日中坊。
嘉興寺積慶坊
普恩寺安富坊
觀音寺大時雍坊。
雙塔寺小時雍坊，即大興隆寺。
瑞雲寺
慈恩寺
彌陀寺
萬寧寺
佑聖寺
延壽寺
永泰寺
永祥寺
青塔寺有敕建碑。
弘慶寺俱日中坊。
普濟寺
普慶寺
大能仁寺
石佛寺
崇善寺俱鳴玉坊。
鷲峰寺
正法寺有敕建碑。
寶禪寺有敕建碑。
普安寺

妙應寺有敕建碑。
祝壽寺俱河漕西坊。
承恩寺有敕建碑。
護國寺
真如寺俱阜財坊。
衍法寺有敕建碑。
寶塔寺有敕建碑，俱平則坊。
廣通寺高梁橋
廣隆寺西直門外。
地藏寺西直門外。
福寧寺香山鄉
圓廣寺有敕建碑。
西域寺有敕建碑，俱平則關。
廣福寺四里園
普慶寺有敕建碑，平則關。
鎮國寺有敕建碑。
洪慶寺有敕建碑。
極樂寺
真覺寺有敕建碑，俱白石橋。
萬壽寺有敕建碑。
永壽寺
保恩寺
永禧寺
慈壽寺
摩訶庵俱八里莊。
弘教普安寺
真空寺
資福寺
洪福寺
天寧寺有敕建碑，俱彰儀門外。
雲惠寺有敕建碑。
延恩寺有敕建碑。
圓通寺有敕建碑。
圓覺寺俱達官村。
靈福寺有敕建碑。
昭化禪寺有敕建碑。
華嚴寺有敕建碑。
保明寺有敕建碑。
壽安寺有敕建碑。
功德寺有敕建碑。

妙應寺有敕建碑。
祝壽寺俱河漕西沙。
承恩寺有敕建碑。
護國寺
真如寺俱阜財坊。
衍法寺有敕建碑。
寶塔寺有敕建碑，俱平則坊。
廣通寺高梁橋
廣隆寺西直門外。
地藏寺西直門外。
福寧寺香山鄉
圓廣寺有敕建碑。
西域寺有敕建碑，俱平則關。
廣福寺四里園
普慶寺有敕建碑，平則關。
鎮國寺有敕建碑。
洪慶寺有敕建碑。
極樂寺
真覺寺有敕建碑，俱白石橋。
萬壽寺有敕建碑。

永壽寺
保恩寺
永禧寺
慈壽寺
摩訶庵俱八里莊。
弘教普安寺
真空寺
資福寺
洪福寺
天寧寺有敕建碑，俱彰儀門外。
雲惠寺有敕建碑。
延恩寺有敕建碑。
圓通寺有敕建碑。
圓覺寺俱連官村。
靈福寺有敕建碑。
昭化禪寺有敕建碑。
華嚴寺有敕建碑。
保明寺有敕建碑。
壽安寺有敕建碑。
功德寺有敕建碑。

普陀寺有敕建碑。　金山禪寺有敕建碑。

玉華寺有敕建碑。　隆教寺有敕建碑。

興善寺有敕建碑。　接待寺在盧溝橋，一在南宣坊內。

福田寺　證果寺在下莊

延壽寺　永年寺俱魯谷村。

香山永安禪寺有敕建碑。　洪光寺

靖安寺有敕建碑。　佑聖寺有敕建碑。

壽隆寺在北里屯。　奉福寺在栗園

永安寺有敕建碑。　大慧寺在魏吴村。

萬壽戒壇寺有敕建碑。　大覺寺

隆恩寺　秀峰寺

西峰寺有敕建碑。　廣慧寺在獅子山下，有敕建碑。

萬佛寺有敕建碑。　净德寺有敕建碑。

福昌寺有敕建碑。　常覺寺有敕建碑。

寶林寺有敕建碑。　净明寺有敕建碑。

圓照寺有敕建碑。　弘恩寺有敕建碑。

潭柘寺有敕建碑。　清凉寺

門元寺　龍華寺

隆興寺　龍岩寺

勝泉寺　瑞雲寺

雙林寺以上俱離府城百里。 德勝庵

太平庵 崇寧寺俱日中坊。

松樹觀音庵 常明庵

龍華寺俱鳴玉坊。 三元庵

地藏庵俱金城坊。 龍泉庵鳴玉坊

華嚴寺 彌陀寺

佑聖庵 延壽庵俱日中坊，琉琉廠西門。

萬壽庵 碧雲庵

廣慧庵 玉環庵

極樂庵 古赤脚李庵

龍泉庵 龍鳳庵俱鳴玉坊。

玄寧庵南薰坊，有敕建碑。 玄極庵澄清坊

迎禧觀明照坊，有敕建碑。 延壽觀有敕建碑。

大慈延福宮有敕建碑，俱思城坊。 吕公祠明時坊

崇真觀有敕建碑，在正東坊。 玉虛觀有敕建碑，宣北坊。

崇恩觀在崇北坊。 顯佑宮有敕建碑。

朝天宮 靈濟宮

顯靈宮俱鳴玉坊。 昭應宮

永壽宮 混元宮俱府城三里。

萬壽宮 清虛觀

廣福觀俱日中坊。　白雲觀彰義門外。

太清觀　通仙觀俱離府城二百里。

良鄉縣

文廟　名宦祠

鄉賢祠　城隍廟在縣北

土地祠在縣治內。　玉皇廟在東關

火神廟在東關北。　東嶽廟凡二

真武廟凡二　關帝廟凡二

三義廟在縣南　三官廟凡三

天王寺縣治東南。　法相寺在燎石崗。

崇效寺在立教坊。　洪業寺一在丁家村，一在北趙村。

净業寺在祖村　寶善寺即福興寺。

高麗寺在十三里。　興龍寺在南梨苑。

華嚴寺在交道村。　護國寺在琉璃店。

通法寺在南白村。　報國寺在高舍村。

清凉寺在舊店　龍泉寺在公村

鎮寺在修村　石佛寺在燕公村。

寶光寺在江村。　寧廣寺在胡盧岱。

法會寺在寶奇村。　崇寺在興禮村。

廣教寺在南落村。　静禪寺在社落村。

寶安寺（在張謝村。）　普通寺（在馬村）
董林寺（在董家村。）　夏禪寺（在夏禪坊。）
安化寺（在白雲村。）　廣會寺（在老君堂。）
靈椿庵（在七里店。）　伏龍庵（在辛莊）

固安縣

文廟　名宦祠
鄉賢祠　城隍廟（在縣治北街。）
八蜡廟（在城隍廟西。）　土地廟
真武廟（在拱極橋前。）　東嶽廟（在縣治東。）
西嶽廟（在方城十八里。）　三官廟（在北新街。）

龍王廟（在縣治東。）　三義廟（在王家村。）
藥王廟　觀音寺
興國寺　寧國寺
法華寺　隆興寺
西佛寺　龍泉寺
龍泉寺　興福寺
廣嚴寺　慶圓寺
崇勝寺（以上俱在縣東。）　洪恩寺
千佛寺　華嚴寺
關泰寺　洪聖寺

興壽寺　龍興寺
靈覺寺　崇寧寺
福嚴寺　崇興寺
萬泉寺　慶壽寺
興國寺　地藏寺
玉清寺　弘教寺
萬壽寺　天橋寺
洪仁寺　香林寺
石佛寺　大善寺
聖恩寺　清涼寺

永慶寺　石經寺
觀音寺以上俱在縣南。　禪教寺
彌陀寺　崇勝寺
香山寺　延福寺
興福寺　寶慶寺
興教寺　新昌寺
雲居寺　圓覺寺
崇興寺　延壽寺
石佛寺　觀音寺以上俱在縣西。
昊天寺　廣禪寺

華嚴寺 崇聖寺以上俱在縣北。
廣嚴寺 開泰寺
琉璃寺 興隆寺
大悲寺 興國寺
興壽寺 慶圓寺
洪聖寺以上俱在縣東南。 新昌寺
永慶寺 華嚴寺
興圓寺 嚴靈寺
雲居寺以上俱在縣西南。 皈依寺
洪化寺 香烟寺
華嚴寺以上俱在縣東北。 龍泉寺
興福寺 彌陀寺
延福寺 崇興寺
延壽寺以上俱在縣西南。 長真觀在縣治東北。
觀音庵在相家莊。 石佛庵在圈頭
崇慶庵東押敵 悟雲庵米家莊
華嚴寺西徐村 波若庵畢家莊
普濟庵楊仙務 龍泉院知子營
施尼院在魏村 大覺院在楮林
龍泉庵在王馬 石佛閣蒲老垈

大師塔東徐村　嚴村塔

永清縣

文廟　名宦祠
鄉賢祠　城隍廟西門內
八蜡廟西門外　馬神廟縣治西
土地祠　關帝廟縣治南街。
龍王廟縣東城下。　藥王廟在南門外。
龍泉寺在辛窖　會福寺在東門外。
三塔寺塔兒巷里許。　精嚴寺縣北街
隆慶寺在城西　隆興寺在南義口。
萬彙寺在信安鎮。　雲華寺在縣南
清涼寺在縣北　慈慶寺在別古莊。
內興寺在韓村　禮當寺在塔兒管。
東華觀　通真宮
觀音庵三處

東安縣

文廟　名宦祠
鄉賢祠　城隍廟縣治西南隅。
旗纛廟東門外　八蜡廟東門外
馬神廟大寺東北。　土地祠

玉皇廟北門外　東嶽廟東門外
三皇廟藥王廟後。　藥王廟西門外
關帝廟縣治北街。　真武廟小東街
龍王廟東門外　廣嚴寺縣治西街中。
廣福寺縣治西北四十里。　定覺寺縣西北七十里。
廣善寺在縣治，即唐之靈應寺。　净安寺在固城里惠化鄉。

香河縣

文廟　名宦祠
鄉賢祠　城隍廟縣治東街。
土地祠　真武廟在北門西。

二官廟拱北橋北。　東嶽廟
三義廟西關外　關帝廟南門北門。
火神廟在南門內。　白廟城東北三里。
藥王廟在河北屯，形勢極大。　子孫娘娘廟在東門外。
龍王廟在縣治西。　隆安寺在縣治東。
隆興寺在縣治西。　大塔寺
大雲寺　宣教寺以上俱縣東十五里。
洪濟寺　嘉靖寺
寶慶寺　甘露寺以上俱王家擺渡。
土山寺城南二十里。　普圓寺

王皇廟北門外 東嶽廟東門外

三皇廟藥王廟後。 藥王廟西門外

關帝廟縣治北街。 真武廟小東街

龍王廟東門外 廣嚴寺縣治西街中。

廣福寺縣治西北四十里。 定覺寺縣西北七十里。

廣善寺在縣治，即唐之靈應寺。 淨安寺在固城里惠化鄉。

香河縣

文廟 名宦祠

鄉賢祠 城隍廟縣治東街。

土地祠 真武廟在西門北。

二官廟拱北樓北。 東嶽廟

三義廟西關外 關帝廟南門北門。

火神廟在南門內。 白廟城東北三里。

藥王廟在河北岸，形勢甚大。 子孫娘娘廟在東門外。

龍王廟在縣治西。 隆安寺在縣治東。

隆興寺在縣治西。 大塔寺

大雲寺 宣教寺以上俱縣東十五里。

洪濟寺 嘉靖寺

寶慶寺 甘露寺以上俱王家擺渡。

土山寺城南二十里。 普圓寺

觀音寺　聖嚴寺

興祥寺　興國寺

普祥寺　彌院寺

奉聖寺　廣嚴寺

回龍寺　興華寺

龍泉寺二處　興福寺

寶泉寺　寶塔寺

寶光寺　定祥寺

華嚴寺以上俱北門外。　興化寺東門外

鐵佛寺內鐵佛法身最大，有人夢欲去，遂以索繫其手，其佛遂之東光焉。今鐵手尚在。

觀音庵三處　棲隱庵北門外

大悲庵北門外　朝陽庵北門外

通州

文廟　名宦祠

鄉賢祠　城隍廟舊城西南隅。

八蜡廟舊城南門二里。　馬神廟在壩上

土地祠　文昌祠

關帝廟大小凡三十餘區。　藥王廟城東郭

東嶽廟在東門外。　三皇廟北門瓮城。

火神廟凡八處　三義廟新城南門外。

玉皇廟八里橋

嘉靖寺

净安寺在州治東。

永明寺

寶通寺俱在新城南門外。

净安寺在東關廟。

迎福寺在北關廟。

龍頭寺在潞邑二鄉朱家莊。

觀音寺二處

興安寺在甘棠鄉七級屯。

甘泉寺在甘棠鄉。

永慶寺在孝行一鄉竇家莊中。

寶林寺

延慶寺

壽安寺

興國寺二處。以上俱在孝行二鄉。

佑勝寺在城南十五里。

通濟寺在城南十里古刹。

廣福寺

佑民觀俱在張家湾。

海藏寺在城南十三里。

古城寺在城南十四里。

永光寺在城北十五里。

寶光寺在城西南。

龍興寺在富豪一鄉。

普通寺在城北西。

靈應寺

法藏寺

隆禧寺俱在城北。

悟仙觀在南門外。

鉉靈觀在新城內。

天妃宮在嘉靖寺東。

西方庵在潞邑二鄉翟存里。

三河縣

文廟

名宦祠

鄉賢祠

城隍廟在縣治西南隅。

鄉賢祠　城隍廟在縣治西南。

文廟　名宦祠

三河縣

西方庵在[illegible]里。

鉸靈觀在新城內。　天妃宮在嘉靖寺東。

隆禧寺在城北。　悟仙觀在南門外。

靈應寺　法藏寺

龍興寺在富豪一鄉。　普通寺在城北西。

永光寺在城北十五里。　寶光寺在城西南。

海藏寺在城南十三里。　古城寺在城南十四里。

廣福寺　佑民觀在[illegible]。

佑勝寺在城南十五里。　通濟寺在城南十里古刹。

壽安寺　興國寺在[illegible]二處。以上俱[illegible]

寶林寺　延慶寺

甘泉寺在甘棠鄉。　永慶寺在賈家莊中。一鄉

觀音寺二處　興安寺在甘棠[illegible]

迎福寺在北關南。　龍頭寺在[illegible]二鄉[illegible]

寶通寺在新城南門外。　淨安寺在東關廟。

淨安寺在州治東。　永明寺

王皇廟八里橋　嘉靖寺

八蜡廟　土地廟
文昌祠　真武廟縣北門
東嶽廟北關　三官廟
三義廟縣南孫家莊。　關帝廟
火神廟縣南門　元覺寺城內東南隅。
常興寺在北官社。　彌陀寺在如口社。
德勝寺在德勝社。　延慶寺在縣內官屯。
顯慶寺南庄一社。　普福寺南莊三社。
延福寺在北官社。　福田庵在縣西東林莊。
靈山庵北靈山上。　最勝庵在南新莊。
净業庵在南華莊。

武清縣

文廟　名宦祠
鄉賢祠　城隍廟城西南隅。
八蜡廟　土地祠
玉皇廟勅建　三官廟
真武廟　關帝廟
藥王廟　龍王廟
火神廟　娘娘廟
田祖廟浬口　隆興寺

南宮寺　觀音寺
報恩寺　興禪寺
天寧寺　大頓丘寺
次州寺　金光寺俱在縣南。
香林寺　北趙村寺
能仁寺　龍泉寺俱在縣東。
白家屯寺　韓村寺
牛鎮寺　藍城寺
園林寺　寶勝寺
龍泉寺俱在縣北。　南趙村大安寺

扶頭寶勝寺　法昌寺
仙莊寺俱在縣東北。　漫漫昭陽寺在縣東南。
北汪廣濟寺在縣西　雙廟北寺
黃后店無梁閣縣南　朝陽寺
紅廟寺　南倉寺
北倉報恩寺　元通寺
觀音堂俱在河西務。　隆慶寺蔡村
洪崖寺在泉州城。　報成寺敕建，楊村西北。
望海寺在小直沽。　鎮海寺在大直沽。

寶坻縣

寶坻縣

北京舊志彙刊
〔康熙〕順天府志　卷八三

文廟　名宦祠
鄉賢祠　城隍廟
八蜡廟　土地祠
馬神廟　廣濟寺在縣西街。
大覺寺在縣東街。　洪福寺在平正橋西北
朝霞寺在縣西五里。　觀音寺在縣東門外。
朝陽寺在梁城所。　三清觀在縣西門內。
玉皇廟　三皇廟
龍王堂在縣西門外。　東嶽廟在縣東門外。
關帝廟一在石幢前，一在南門外。　藥王廟在縣北門外。
真武廟在縣城東北隅。　三觀廟在縣城內仁賢街。
火神廟在縣南門外。　老君堂二處
小聖祠在新河口。　天妃祠一在新河，一在盧臺。
蓬萊觀在縣東五十里。　文昌閣在梁城所

涿州

文廟　名宦祠
鄉賢祠　城隍廟城西隅
八蜡廟　馬神廟州治內
旗纛廟文廟西巷。　土地廟州南門月城內。
三義廟在涿鹿驛後。　東嶽廟州北郭

真武廟州北門月城內。
關帝廟凡六
昭烈廟在樓桑村
張桓侯廟凡二
火神廟州南郭
藥王廟州南郭
三官廟凡二
龍王廟州北郭
雲居寺在城東北。
知度寺在雲居寺前。
慧化寺在城西北。
西禪寺在東關
龍泉寺在南關
地藏寺在北門瓮城內。
觀音寺城東門內。
普壽寺有敕賜碑。
華嚴寺
東禪寺
興隆寺
圓通寺
净安寺
照慶寺俱城東十里。
月池寺
壽聖寺
佑聖寺俱城西南。
萬壽禪寺縣北六十里。
石經寺
龍峰寺
福勝寺
靈鷲寺
嘉福寺
慈光寺
上方寺
廣教寺
崇鉉觀
崇元觀〔注一〕
陰陽宮
穀積庵俱縣東西。

房山縣

〔注一〕「崇」，原本脱文，據《明一統志》補。

文廟　名宦祠

鄉賢祠　城隍廟城内西北隅。

馬神廟縣治西北。　土地祠縣署儀門外。

東嶽廟縣東二里。　真武廟北郭

三官廟縣西三里。　關帝廟西郭

龍王廟一東郭，一黑龍潭。　虞舜廟縣西南五十里。

藥王廟一在儒學東，一在較子口。　福勝寺

靈鷲寺　慈光寺

白水寺又名大佛寺，在縣西北十二里。元宵十六日，人玩賞甚衆。

上方寺在縣南五十里，鑿石爲磴，攀鐵索而上，絕頂有泉如斗，汲不窮。有修竹千竿，清爽逼人。又名□兜率寺。

廣教寺　東峪寺

慧化寺　西峪寺〔注一〕

龍興寺　普興寺

林禪寺　福勝寺

白雲寺　五鳳庵

禪房院　莊公院俱縣西南。

萬佛寺　朝陽寺

清涼寺俱縣東南。　弘業寺

亂塔寺　觀音寺俱縣東北。

普興寺　佛光寺俱縣南

〔注一〕「西」，原本脱文，據《畿輔通志》補。

華嚴寺

寶勝寺

瑞雲寺

千佛寺

龍泉寺俱縣西南。

天寧寺

常業寺

崇福寺

寶華寺

萬佛堂俱縣北

永寺

連泉寺

普光寺

净業寺

青龍寺在萬佛堂下。

黑牛水寺

觀音庵在縣門外。

紅螺嶮近小西天，亦攀索而上。

薊州

文廟

名宦祠

鄉賢祠

城隍廟城西北隅。

武廟州治東北。

八蜡廟城北

土地祠

關帝廟城內凡四。

文昌帝君廟州治東南。

玄帝廟州治北

龍王廟城南

東嶽廟凡二

南嶽廟崆峒山頂。

藥王廟州治西北。

獨樂寺州治西南。

廣濟寺城西北

靜安寺城西北

白澗寺城西

雲泉寺城東南

中盤寺

上方寺　雙峰寺
天城寺　天香寺
甘泉寺　李靖庵
白巘寺　報國寺
龍泉寺　香水寺俱在盤山。
環秀寺城北　天寶觀州治北

玉田縣

文廟　名宧祠
鄉賢祠　城隍廟縣治西南。
武廟　文昌祠
八蜡廟　馬神廟
土地祠　真武廟
東嶽廟　三官廟
關帝廟　龍王廟
二郎廟　藥王廟
火神廟　大覺寺
净業寺　妙峰寺
中山寺　石鼓寺
大雲寺　清水寺
雙泉寺　延慶寺

觀音寺　十方院

泉水山院　龍泉庵

瞿曇庵　文龍庵

平谷縣

文廟　名宦祠

鄉賢祠　城隍廟縣治北

武廟　八蜡廟在縣南

馬神廟縣治西　土地祠

軒轅黃帝廟縣北　東嶽廟西門外

真武廟北城上　關帝廟西瓮城内。

龍王廟縣南　火神廟南門外

二郎廟縣南　覺雄寺

慈福寺　臨泉寺

興隆寺　香嵐寺

興善寺　白雲寺

勝水寺　雙泉寺

三泉寺　龍泉寺

安固寺　净嚴寺

石佛寺　嵑山寺

朝陽觀　延祥觀

會雲庵　彌陀庵

遵化州

文廟　名宦祠

鄉賢祠　城隍廟州治西北。

旗纛廟　八蜡廟明月山下。

馬神廟西門瓮城。　土地祠

東嶽廟凡三處　南極廟南關外

文昌廟州治西北。　關帝廟凡三處

真武廟北城　藥王廟州治西北。

火神廟州治西北。　龍王廟凡三處

三義廟州治西　三官廟凡三處

大悲閣州中　廣慧寺州治西

禪林寺州東北二十五里。　延壽寺州西北十八里。

福泉寺州西北四十里。　龍山寺州南龍山之陽。

龜鏡寺州南四十里。　寶林寺州南四十里。

慈應寺州西南四十五里。　九天觀州北三里。

豐潤縣

文廟　名宦祠

鄉賢祠　城隍廟縣西北

武廟北街路西。　八蜡廟

馬神廟
土地廟
東嶽行祠凡四處
漢壽亭侯廟凡四處
玉皇廟縣北
真武廟枇杷山上。
藥王廟南關
龍王廟河西
三官廟凡四處
三義廟在閻家鋪。
火神廟西瓮城
弘法寺
天宫寺
觀鷄寺
翠峰寺
甘泉寺
估國寺
王化寺
興禪寺
歸依寺

福興寺
影水寺
真常寺
雲水寺
沙巖寺
香山寺
阿彌寺
靈照寺
佛樂寺
靈泉寺
望海寺
錦禪寺
泥河寺
壽峰寺
净嚴寺
洪陽寺
福嚴寺
興福寺
圓閣寺
大覺寺

福慶寺　興雲寺
永慶寺　圓净寺
黑馬寺　白馬寺
護國寺　聖嚴寺
金山寺　大悲寺
雲蓋寺　靈應寺
翠峰寺　真常觀
澄清觀　朝陽觀

昌平州

文廟　名宦祠
鄉賢祠　城隍廟州治西
旗纛廟在居庸關。　八蜡廟在兩水河。
馬神廟東門内　九天廟在城西門。
東嶽廟東門外里許。　都龍王廟在龍泉山頂。
龍王廟在獻陵衛東口。　漢前將軍關侯廟凡二
三官廟譙樓後　真武廟凡二
雙關廟東城南門。　瑞光寺成化十一年建。
神壽寺成化二十年建。　法雲寺弘治九年建。
香水寺漢建武五年建。　廣寧寺正統元年建。
法華寺金天會元年建。　大萬聖寺銀山

昭化寺即玉泉垂虹處。 鐵壁寺在銀山鐵壁下。

黃山寺永樂十四年遷於南邵村。 和平寺相傳唐時建。

順義縣

文廟 名宦祠

鄉賢祠 城隍廟西門内

八蜡廟 土地祠

玄帝廟 東嶽廟

三官廟 關帝廟

火神廟 龍王廟

絺興寺 敕賜龍興寺

密雲縣

文廟 名宦祠

鄉賢祠 城隍廟南城角

八蜡廟 土地祠

文昌祠 東嶽廟

真武廟 三官廟

觀音廟 關帝廟

龍王廟 藥王廟

龍興寺 大安寺

天門寺 普濟寺

三教寺　谷壽寺

福泉寺　禪林寺

護國寺　觀鷄寺有仙人迹。

孤山寺　雲峰寺

清濟寺　冶山上寺

冶山下寺　祐國寺

龍門寺　黑山寺

新寺　香巖寺

龍禪寺　龍泉寺

慶峰觀　清都觀

霞峰觀　五龍寺祈雨輒應。

房兒谷庵　別谷庵

懷柔縣

文廟　名宦祠

鄉賢祠　城隍廟西城角

八蜡廟城内東北。　馬神廟縣大門内。

土地祠縣大門内。　玉皇廟縣外東北。

文昌帝君閣東門内　關帝廟東門外

東嶽廟東門外　龍王廟城西龍王山上。

資福寺　定慧寺俱縣北

弘善寺縣東　奉聖寺縣西南五里。

雲巖寺栲栳山前。

霸州

文廟　名宦祠

鄉賢祠　城隍廟東嶽廟西。

八蜡廟新街口北。　馬神廟州治西北。

土地廟　真武廟

五龍王廟　三官廟

三義廟　文昌祠

天妃廟　普濟寺

湖海寺　普濟教寺

叢林寺　鎮觀寺

觀音寺四處　大覺寺

普安寺　普和寺

泉寧寺　興國寺

興善寺　永興寺

開大寺　元通寺

文安縣

文廟　名宦祠

鄉賢祠　城隍廟縣治西

文昌祠儒學東　奎星閣文廟東

八蜡廟在馬廠　土地祠

真武廟凡三處　關王廟凡三處

三義廟凡三處　東嶽廟凡三處

南嶽廟在郭里　龍王廟在左家莊。

玉皇閣在鄒哥莊。　靈集寺在莊頭村。

大悲寺在勝芳　興隆寺在李哥莊。

興國寺在柳河　清寧寺在安里屯。

開隆寺在劉寨　通明寺縣治西

觀音寺城北　延恩寺城西

法雲寺在韓村　寶泉寺在石溝村。

青龍寺在城南辛莊。

大城縣

文廟　名宦祠

鄉賢祠　城隍廟縣西北

八蜡廟城外　馬神廟

土地廟　玉皇廟

三官廟　真武廟

三義廟　文昌祠

金龍四大王廟　觀音寺

觀音堂　聖母

行宫　興寧寺

崇聖寺　存留寺

永安寺　海潮寺

石佛寺　海月寺

老君堂　太山行宫

二郎堂

保定縣

文廟　名宦祠

鄉賢祠　城隍廟縣治西

馬神廟縣治西北。　八蜡廟馬王廟右。

土地祠　三義廟凡二

關帝廟凡二　龍王廟凡二

玉皇廟東門外　玄帝廟凡二

三官廟凡二　東嶽廟在圍河

藥王廟在路疃　天寧寺

清凉寺　觀音寺

普照寺

郵舍

大興縣

總鋪　　正陽鋪
朝陽鋪　　西流鋪
安定鋪　　紅門鋪
下馬鋪　　黃村鋪
曹村鋪　　青潤鋪

宛平縣

總鋪　　縣前鋪
彰義鋪　　大井鋪
盧溝鋪　　新店鋪
石橋鋪　　天宮院鋪
黃垡鋪　　胡渠鋪
石牌鋪　　雙泉鋪

良鄉縣

固節驛　　坊市鋪
長陽鋪　　重義鋪
豆店鋪　　燕谷鋪

固安縣

縣前鋪　　東玉鋪
柳泉鋪　　沙垡鋪
麟窩鋪　　上馬鋪

公由鋪　西内鋪

永清縣

東路鋪　南路鋪

西路鋪

東安縣

縣前鋪　祖哥莊鋪

李家鋪

香河縣

急遞鋪　宣教寺鋪

王家鋪

通州

潞河水馬驛　和合驛

總鋪　召里店鋪

王各鋪　東留村鋪

大黄莊鋪　高麗莊鋪

草寺鋪　烟郊鋪

三河縣

三河驛　總鋪

錯橋鋪　石牌鋪

段家嶺鋪　白浮圖鋪

泥窪鋪　夏店鋪
馬已乏鋪　烟郊鋪

武清縣

河西驛　楊村驛
總鋪　河西務鋪
蔡村鋪　楊村鋪
桃花口鋪　馬孤屯鋪

寶坻縣

總鋪　朱家莊鋪
崔家莊鋪

涿州

涿鹿驛　總鋪
馮村鋪　柳河營鋪
棠裡鋪　管頭鋪
三家店鋪　忠義鋪
澤畔鋪　馬村鋪
醬家鋪　魯家鋪
胡良鋪　松林鋪
樓桑鋪

房山縣

北京善志叢刊 【康熙】順天府志 卷之三

縣前鋪　界溝鋪

薊州

漁陽驛　總鋪

黄土坡鋪　壕門鋪

馬伸橋鋪　淋河鋪

八里鋪　豐家橋鋪

别山鋪　都賽營鋪

由各莊鋪　十里鋪

二十里鋪　邦均鋪

白澗鋪

玉田縣

陽樊驛　總鋪

韓家鋪　兩家店鋪

雙橋鋪　拗榆鋪

采亭橋鋪　孤樹鋪

石河鋪

平谷縣

縣前鋪　夏各莊鋪

下箭務鋪　新店莊鋪

遵化州

石門驛　總鋪
十里鋪　堡子店鋪
義井鋪　石門鋪
三官廟鋪　閆家屯鋪
四十里鋪　黨峪鋪

豐潤縣

義豐驛　總鋪
垠城鋪　板橋鋪
鐵城鋪　七里鋪
高麗鋪　閻家鋪

沙流河鋪　梁家務鋪
党峪鋪

昌平州

榆河驛　州前鋪
沙屯鋪　沙河鋪
迴龍觀鋪　清河鋪

順義縣

順義驛　總鋪
後橋鋪　英各莊鋪
塔河鋪　天柱鋪

葦溝鋪　三家店鋪

高麗營一鋪　嚮陽鋪

牛欄山鋪

密雲縣

密雲驛　石匣驛

總鋪　塔院鋪

荆栗院鋪　金扇鋪

八里鋪

懷柔縣

總鋪　年豐鋪

小務鋪　王家鋪

松棚鋪

霸州

州前鋪　辛店鋪

南孟鋪　莫金鋪

文安縣

縣前鋪　孫村鋪

太平州鋪

大城縣

總鋪　鄧家務鋪

保定縣

總鋪　百喬鋪

關梁

天津關在良鄉縣西北八十里，至大龍門，凡十五關。

居庸關在昌平州北三十里。　石塘嶺關

白馬關　古北口關

曹家寨關　墻子嶺關俱在密雲縣東九十里。

苑家口關在霸州城東南十八里。

益津關《文獻通考》云：「本唐幽州永清縣地，石晉陷於遼。周復以其地置霸州。」

草橋關在霸州北一里，宋、遼分界處。　黄岩峪關在薊州北四十里。自關以東凡十口至馬蘭關。

馬蘭峪關在遵化州北三十里，自是而東，凡三十一關，至大喜峰口。

草橋在右安門外。　玉河橋在正陽門東，凡三，一跨長安東街，一跨文德坊，一近城垣。

大石橋在崇文門東。　華石橋在正陽門西。

象房橋在宣武門西。　北大橋

南大橋俱阜城門內北河漕。　泡子河橋在泡子河上。

新橋在東直門大街。　厚載門橋在鼓樓前。

東部糧橋　西部糧橋〔注一〕在厚載門外東西。

德勝橋在德勝門內。　水關橋在德勝門西。

三座橋在鼓樓西北。　銀定橋〔注二〕在鼓樓西南。

横橋　馬市橋在阜城門內大街。

〔注一〕「東部糧橋」「西部糧橋」，又作「東步糧橋」、「西步糧橋」。

〔注二〕「銀定橋」又作「銀錠橋」。

乾石橋在宣武門大街。　三里河橋在正陽門外三里河。

三轉橋在崇文門外東南。　虎房橋〔注一〕在正陽門西。

大通橋在東便門外。　草橋在右安門外南十里。

越橋在海子南岸，俗稱海子橋。　萬寧橋在海子東岸。

高梁橋府西，跨高梁河。　青龍橋府西北三十五里。

盧溝橋府西南三十里。　琉璃河橋在良鄉縣南四十里。

飛虹橋東安縣跨界河。　南浦橋在通州城南，跨通惠河。

弘仁橋在通州西南三十里，跨渾河，舊名馬驛橋。

永通橋在通州普濟閘東。　武曲橋在寶坻縣學後。

文明橋在寶坻縣東門外。　安濟橋在昌平州鞏華城南二里許。

朝宗橋在昌平州鞏華城北。　廣濟橋在昌平州南跨清河。

胡良河橋在涿州北十二里。　范水橋在涿州北四里。

挾河橋在涿州北二十里。　采亭橋在玉田縣西二十里。

鴉鳴橋在玉田縣東南四十里。　雙橋在玉田縣東二十里。

泄水橋在平谷縣西門外。　解骨橋在平谷縣西北二十里。

思鄉橋在豐潤縣西。　普濟橋在大城縣王家口。

〔注一〕「虎房橋」又作「虎坊橋」。